BEI GRIN MACHT SICH IHR WISSEN BEZAHLT

- Wir veröffentlichen Ihre Hausarbeit, Bachelor- und Masterarbeit

- Ihr eigenes eBook und Buch - weltweit in allen wichtigen Shops

- Verdienen Sie an jedem Verkauf

Jetzt bei www.GRIN.com hochladen und kostenlos publizieren

Fachgerechtes Wechseln von Wendeschneidplatten (Unterweisung Industriemechaniker/-in, 1. Lehrjahr)

Bibliografische Information der Deutschen Nationalbibliothek:

Die Deutsche Nationalbibliothek verzeichnet diese Publikation in der Deutschen Nationalbibliografie; detaillierte bibliografische Daten sind im Internet über http://dnb.d-nb.de abrufbar.

ISBN: 9783346716262
Dieses Buch ist auch als E-Book erhältlich.

Druck und Bindung: Books on Demand GmbH, Norderstedt Germany
Gedruckt auf säurefreiem Papier aus verantwortungsvollen Quellen

Das vorliegende Werk wurde sorgfältig erarbeitet. Dennoch übernehmen Autoren und Verlag für die Richtigkeit von Angaben, Hinweisen, Links und Ratschlägen sowie eventuelle Druckfehler keine Haftung.

Das Buch bei GRIN: https://www.grin.com/document/1269996

Konzept praktische AEVO-Prüfung

Durchführung des Konzeptes einer Ausbildungssituation

Thema der praktischen AEVO-Prüfung:

„Fachgerechtes wechseln von Wendeschneidplatten"

Inhaltsverzeichnis

1. Information zu dem Auszubildenden

Zur heutigen praktischen Prüfung habe ich meinen Auszubildenden J. Mustermann mitgebracht. J. ist 17 Jahre alt und im ersten Ausbildungsjahr zum Industriemechaniker. Wir befinden uns derzeit im 7. Ausbildungsmonat der 3 1/2-jrrhrigen Ausbildung. Er hat die Fachoberschulreife an einer Realschule erreicht und vor der Ausbildung ein zweiwöchiges Praktikum bei uns gemacht.

J. geht zweimal die Woche in die Berfusschule.Er ist ein Intrinsich motivierter Auszubildender und ein visueller-haptischer Lerntyp

2. Notwendige Vorkenntnisse

Alle erforderlichen Grundkenntnisse für das Einrichten und Rüsten einer Drehmaschine sind bekannt.

Hr. Meyer kann technische Zeichnungen lesen und verstehen.

Der Umgang mit Messschieber, Bügelmessschraube sowie Messtaster sind ebenfalls bekannt.

3. Thema der Unterweisung

„Fachgerechtes wechseln von Wendeschneidplatten"

Diese Unterweisung dient dem Auszubildenden dazu die Fräsmaschine Fachgerecht zu benutzen.Ausserdem soll die Unterweisung dem Auszubildenden aufzeigen,wie Wendeschneidplatten das Maß und die Bearbeitung an der Fräsmaschine beeinflussen.

4. Formulierung der Lernziele

Das Lernziel dieser Unterweisung in Form der vier Stufen Methode, ist das Prüfen Wechseln bzw. drehen von Wendeschneidplatten bei einem Fräswerkzeug.

Der Auszubildende soll nach Abschluss Seiner Ausbildung über alle Fertigkeiten und Kenntnisse des Berufsbildes des „Maschinen und Anlagenführers" verfügen.

4.1. Richtlernziel

Das Richtlernziel ist die Berufliche Grundbildung (Grundfertigkeiten und Kenntnisse)

4.2. Groblernziel

Das Groblernziel wird als Maschinelles Spannen bezeichnet

4.3. Feinlernziel

Die Feinlernziele sind in folgende Lernbereiche gegliedert:

Kognitiver Lernbereich

Der Auszubildende soll wissen, warum und wann eine Wendeschneidplatte getauscht werden soll. Er soll in der Lage sein, mit den Arbeitsmitteln richtig umzugehen und das Grundwissen wiedergeben.

Psychomotorischer Lernbereich

Der Auszubildende soll in der Lage sein, Wendeschneidplatten bei einem Fräswerkzeug selbständig zu wechseln und die Arbeitsmittel richtig nutzen.

Affektiver Lernbereich

Der Auszubildende soll die richtige Einstellung zum Umgang mit Wendeschneidplatten bekommen. Er soll Umweltordnungen und Unfallverhütungsvorschriften beachten.

5. Schlüsselqualifikationen

Folgende Schlüsselqualifikationen werden gefördert:

Methodenkompetenz

Entscheidungsfähigkeit, logisches Denken, Selbstkontrolle, Koordinationsfähigkeit, Sorgfältigkeit

Sozialkompetenz

Selbstständigkeit, Sicherheitsbewusstsein, Umweltbewusstsein, Geduld

Fachkompetenz

Fachliche Fertigkeit, fachliche Kenntnis, Sauberkeit, Ordentlichkeit

6. Methode der Unterweisung

Als Unterweisungsmethode habe ich die Vier-Stufen-Methode gewählt.

1. Stufe: Vorbereiten
2. Stufe: Vormachen und erklären
3. Stufe: Nachmachen und erklären lassen
4. Stufe: Selbständig üben

Die Vier-Stufen-Methode wird angewandt, da der Auszubildende Fertigkeiten vermittelt bekommt, bei denen das theoretische Wissen in ein praktisches Handeln gebracht wird. Der Auszubildenden wird praxisnah vermittelt, wie wichtig Maßhaltigkeiten von Bauteilen und Sorgfaltspflicht beim Messen sind.

7. Unterweisungsort

Die Unterweisung findet in der XXX Firma statt. Dort sind alle nötigen Lehren und Zeichnungen vorhanden. Außer Ausbilder und Auszubildendem ist keiner im Raum.

7.1. Zeitpunkt der Unterweisung

Die Unterweisung dauert ca. 15 Minuten. Diese wird vorzugsweise um 10 Uhr nach der Frühstückspause durchgeführt, da hier die Konzentrations- und Aufnahmefähigkeit der Auszubildenden am höchsten ist.

8. Ablauf der Unterweisung

Die Unterweisung muss gut strukturiert sein um Handlungssicherheit bei der Auszubildenden zu erlangen.

8.1. Stufe 1: Vorbereitung

Unterweisungsplatz vorbereiten und Arbeitsmittel bereitstellen!

Der Arbeitsplatz wird sauber vorbereitet und alle benötigten Arbeitsmittel werden der Auszubildenden bereitgestellt.

Begrüßung der Auszubildenden!

Ausbilder und Auszubildende begrüße sich freundlich.

Hemmungen nehmen!

Kurzer Small-Talk um das Vertrauen der Auszubildenden zu gewinnen und ihr die Befangenheit zu nehmen.

Thema der Unterweisung nennen!

Das Thema der Unterweisung „Wechseln bzw. drehen von Wendeschneidplatten bei einem Fräswerkzeug, unter Berücksichtigung der Unfallverhütungsvorschriften und den Umweltvorschriften.

Lernziele nennen!

Selbständiges wechseln bzw. drehen von Wendeschneidplatten bei einem Fräswerkzeug.

Die Wichtigkeit von Sauberkeit und Ordnung erkennen.

Die Wichtigkeit von einer sorgfältigen Arbeitsweise verstehen.

Interesse wecken und motivieren!

Sorgfältiges arbeiten mit Wendeschneidplatten ist die Vorraussetzung für eine gute Qualität der Werkstücke.

Zeitersparnis durch Werkzeuge mit Wendeschneidplatten, da die Platten direkt an der Maschine gewechselt werden können.

Kostenersparnis durch Werkzeuge mit Wendeschneidplatten, da nur die Platten getauscht werden müssen.

8.2. Stufe 2: Vormachen und erklären durch den Ausbilder

Teilabschnitt A Begleitendes Wissen UVV+ Unfallverhütungsvorschriften

Was?: Arbeitssicherheit und Einhaltung der UVV

Wie?: vortragend

Warum?: Damit der Auszubildende nicht Gefahr läuft sich zu Verletzen wird auf die Wichtigkeit des Tragens von Arbeitskleidung und PSA (persönliche Schutzausrüstung) eingegangen. Das Tragen von Sicherheitsschuhen ist nicht nur Pflicht weil die UVV das Tragen von Sicherheitsschuhen in der Produktion vorsieht sondern auch, weil die Werkstücke oder Arbeit und Hilfsmittel von der Arbeitsplatte fallen könnten.

Was ?	Wie ?	Warum ?
Unterschiedliche Befestigungsarten	Der Azubi soll erkennen, dass Schneidplatten auf unterschiedliche Weise befestigt werden	
Unterschiedliche werkstoffe	Damit der Azubi die Notwendigkeit versteht, warum Schneidplatten gewechselt werden müssen.	
Unterschiedliche schneidstoffe	Der Azubi soll erkennen, dass unterschiedliche Materialien bearbeitet werden.	
Unterschiedliche Schneidplatten	Damit der Azubi versteht, dass mit dem Fräswerkzeug unterschiedliche Konturen hergestellt werden können.	

Lernzielkontrolle

Frage: Welche 2 unterschiedlichen Befestigungsarten gibt es?

Antwort: Es gibt die Möglichkeiten eine Wendeschneidplatte zu schrauben oder zu klemmen

Frage 2: Warum benutzt man unterschiedliche Schneidstoffe?

Antwort: Unterschiedliche Schneidstoffe werden benutzt, um verschiedene Materialien zu bearbeiten.

Teilabschnitt B: Handlungsablauf und vermitteln von Grundkenntnissen

was ?	Wie ?	Warum ?
Das Fräswerkzeug in den Gummiwürfel stellen!	Fräswerkzeug an der Aufnahme greifen und mit dem Spannkegel nach unten, in den Gummiwürfel stellen!	Schneidplatten werden gegen Bruch geschützt und das Fräs - werkzeug befindet sich in einer stabilen Lage um den Schneid - plattentausch vorzunehmen.
Die zu wechselnde Wendeschneidplatte auf ca. 6 Uhr positionieren!	Die Wendeschneidplatte durch drehen des Fräswerkzeugs auf die vorgesehene Position bringen!	Steht die Wendeschneidplatte nicht auf der vorgesehenen Position, kann der Wendeschneidplattensitz schlecht auf Beschädigung oder Verschmutzung geprüft werden.
Prüfen ob die Wendeschneidplatte stumpf ist!	Die Wendeschneidplatte wird durch Sichtprüfung kontrolliert, ob diese gewechselt werden muss!	Eine unbenutzte oder intakte Wendeschneidplatte muss nicht gewechselt werden.
Sofern ein Austausch erforderlich ist, Torxschraube herausdrehen und Wendeschneidplatte entnehmen!	Wendeschneidplatte mit dem Daumen und Zeigefinger festhalten und die Torxschraube mit dem dafür vorgesehenen Schlüssel lösen! Wendeschneidplatte und Torxschraube herausnehmen!	Bei einer geschraubten Wendeschneidplatte muss die Torxschraube komplett entfernt werden, da sie sonst nicht getauscht werden kann.
Wendeschneidplatte säubern und kontrollieren ob alle schneiden verbraucht sind!	Wendeschneidplatte mit dem Lappen reinigen und Sichtprüfung	Wenn alle Schneiden verschlissen sind, wird die Wendeschneidplatte ersetzt.

Den Wendeschneidplattensitz säubern und auf Beschädigung überprüfen!	Wendeschneidplattensitz mit Lappen Reinigen und Sichtprüfung ob Plattensitz beschädig!.	Ein beschädigter Plattensitz bietet der Wendeschneidplatte keinen sicheren halt. Es besteht die Gefahr, dass das Fräswerkzeug beim nächsten Eingriff beschädigt wird.
Neue Wendeschneidplatte einsetzen! Wenn nicht alle Schneiden verbraucht sind, Schneidplatte drehen!	Torxschraube anlegen und Schraube mit ca. 1/4 Drehung festziehen!	Nur so ist gewährleistet, dass die Wendeschneidplatte einen genauen und festen Sitz im Werkzeug hat.
Prüfen ob alle Platten richtig gewechselt wurden!	Sichtprüfung ob alle Platten gedreht bzw. gewechselt wurden.	Nur eine ordnungsgemäß gewechselte Wendeschneidplatte garantiert die Qualität eines Werkstückes.

Lernzielkontrolle

Frage 1: Warum soll man dass Fräswerkzeug auf ca.6h drehen?

> Antwort: Damit man den Plattensitz auf Beschädigung und Verschmutzung prüfen kann.

Frage 2: Warum muss der Plattensitz gesäubert werden?

> Antwort: Nur ein sauberer Plattensitzt gewährleistet der Wendeschneidplatte einen sicheren Halt

8.3. Stufe 3 Nachmachen und erklären lassen durch die Auszubildende

Aktivität des Ausbilders:

Der Ausbilder beobachtet den Handlungsablauf des Auszubildenden und macht gegebenenfalls auf Fehler aufmerksam.

Der Ausbilder gibt dem Auszubildenden bei Bedarf Hilfestellung.

Der Ausbilder weist darauf hin, dass der Auszubildende nicht Verstandenes hinterfragen soll.

Aktivität der Auszubildenden:

Die Auszubildende macht den Handlungsablauf selbstständig nach und erklärt dem Ausbilder mit eigenen Worten ihr Tun und Handeln.

8.4. Stufe 4 Wiederholen und festigen

Aktivität des Ausbilders:

Der Ausbilder beobachtet den Handlungsablauf des Auszubildenden, schreitet gegebenenfalls ein und steht dem Auszubildenden als Lernberater zur Seite.

Aktivität der Auszubildende:

Der Auszubildende macht den Handlungsablauf selbstständig nach.

Grundkontrolle:

Frage : Was geschieht mit verbrauchten Wendeschneidplatten?

Antwort: Verbrauchte Wendeschneidplatten werden gesammelt und recycelt (wiederverwertet)

Frage: Woran erkennt man eine verbrauchte Schneidplatte?

Antwort: Schneiden sind ausgebrochen

Frage: Warum werden Unterschiedliche Schneidstoffe benutzt?

Antwort: Mit unterschiedlichen Schneidstoffen können unterschiedliche Materialien bearbeitet werden

9. Abschluss

Hr. Mustermann wird für die gute Leistung und Mitarbeit gelobt. Das Lernziel wird wiederholt und ich gebe dem Auszubildenden den Hinweis, diese Unterweisung in das Berichtsheft zu schreiben.

Am Ende wird Hr. Mustermann positiv von mir verabschiedet.